AF497321

LE BABILLARD,

COMEDIE.

EN UN ACTE, EN VERS

Par *M. de* BOISSY.

A AVIGNON,

Chez *Louis Chambeau*, Imprimeur-Libraire,
près les R. R. P. P. Jésuites.

M. DCC. LIX.

ACTEURS.

LEANDRE, Amant de Clarice.

VALERE, Parent de Léandre, & fon Rival.

CLARICE, Veuve.

CEPHISE, Tante de Clarice.

DAPHNE', Voifine de Clarice.

HORTENSE, Sœur de Daphné.

ISMENIE, Amie de Cephife.

MELITE, Babillarde.

DORIS, autre Babillarde.

NERINE, Suivante de Clarice.

LAFLEUR, Laquais.

La Scéne eft à Paris, chez Clarice.

LE
BABILLARD,
COMÉDIE.

SCENE PREMIÉRE.

CLARICE, NERINE.
CLARICE.

JE fors d'avec Léandre, ah ! quel homme ennuyeux !
Je n'en puis plus, je fens un mal de tête affreux.
Il n'a point déparlé pendant une heure entiere.
Par bonheur à la fin je viens de m'en défaire,
Sous le prétexte heureux d'une commiffion,
Dont j'ai fçû le charger.

NERINE.
Il falloit fans façon,
Lui donner fon congé. Si j'avois été crue,
Vous l'auriez fait, Madame, à la premiere vue.
Sa langue eft juftement un claquet de moulin,
Qu'on ne peut arrêter fi-tôt qu'elle eft en train ;
Qui babille, babille, & qui d'un flux rapide,
Suit indifcrétement la chaleur qui la guide :
De guerre, de combats, cent fois vous étourdit ;
Et répéte vingt fois ce qu'il a déja dit.
Dit le bien & le mal fans voir la conféquence,

A

4   LE BABILLARD;

Et de taire un secret ignore la science.

CLARICE.

Tu le peins affez bien.

NERINE.

Oui , j'ofe mettre en fait ,
Madame, qu'un bavard eft toujours indifcret,
En vain ; tel eft l'efprit de notre Capitaine.
Quoiqu'il ne vienne ici que de cette femaine ,
Ce tems me femble un fiécle ; & je tremble aujourd'hui,
Que vous n'ayez deffein de vous unir à lui,
Etant fi différens d'humeur , de caractère.
Clarice, honneur du Sexe , a le don de fe taire,
Exempte de défaut qui nous eft reproché ,
Et dont Monfieur Léandre eft fi fort entiché.
Pour moi je trouverois fon Parent préférable,
Valére eft le plus jeune & le plus raifonnable ;
Il a beaucoup d'efprit , parle peu comme vous.

CLARICE.

Nerine , je veux bien l'avouer entre nous ,
Je penfe comme toi : tout ce qui m'embarraffe ,
Je dépens de ma tante.

NERINE.

Eh , Madame, de grace ;
N'êtes-vous pas Veuve ?

CLARICE.

Oui , mais je dois ménager ,
Cette tante , qui m'aime & veut m'avantager ;
Tu fçais que j'en attens un fort gros héritage.
Je ne puis faire un choix fans avoir fon fuffrage ;
Et malheureufement fans l'avoir jamais vû,
Cephife pour Léandre a l'efprit prévenu.
Ifmene fon amie , avec grand étalage,
En a fait un portrait comme d'un perfonnage ,
Diftingué dans la guerre , & qui pour fa valeur ,
Doit bien tôt d'une Place être fait Gouverneur.

NERINE.

Valere eft Officier , brigue la même Place ,
Et peut également obtenir cette grace.
Quand même le contraire arriveroit enfin,
Pourrez-vous époufer....

CLARICE.

Mon cœur eſt incertain.

NERINE.

Et moi, ſi pour époux vous acceptez Léandre,
Je quitte dès ce ſoir ſans plus long-tems attendre :
Quel Maître ! il voudroit ſeul parler dans le logis.
Ce ſeroit un tyran, qui tout le jour aſſis,
Uſurperoit nos droits, qui feroit notre office ;
Et je mourrois plutôt que d'être à ſon ſervice.
Il me ſeroit trop dur de garder mes diſcours,
De ne pouvoir rien dire, & d'écouter toujours.
Un grand parleur, Madame, eſt un monſtre en ménage,
Et ce n'eſt que pour nous qu'eſt fait le babillage.

CLARICE.

Que veux-tu que je faſſe en cette occaſion,
Dis ?

NERINE.

Il faut vous armer de réſolution,
Sortir en même-tems de votre létargie :
Agir, faire parler une commune amie ;
Par exemple, Daphné, qui dans cette maiſon,
Occupe un logement.

CLARICE.

Sous un air aſſez bon,
Elle a l'eſprit malin. J'ai plus de confiance,
Dans Hortenſe ſa ſœur.

NERINE.

L'une & l'autre s'avance.

―――――――――――――――

SCENE II.

CLARICE, DAPHNE', HORTENSE,
NERINE.

DAPHNE' *à Clarice.*

QUoi, vous vous mariez, & ne m'en dites rien,
A moi votre voiſine ! oh, cela n'eſt pas bien.

CLARICE.

Mais vous me ſurprenez avec cette nouvelle.

6   LE BABILLARD;
DAPHNÉ

A quoi bon le cacher, soyez plus naturelle.
Vous fortez de veuvage, il n'eft rien de plus fûr.
CLARICE.

Qui peut vous l'avoir dit ?
DAPHNÉ.

                    Votre mari futur.
Dès demain au plus tard vous époufez Léandre.
HORTENSE.

C'eft un bruit que lui-même a grand foin de répandre.
Ce n'eft plus un fecret.
NERINE.

            Il eft bon là, ma foi.
CLARICE.

Vous-êtes là-deffus mieux inftruites que moi.
Je fçai pour m'obtenir qu'il fait agir Ifmene ;
Mais je ne croyois pas la chofe fi prochaine.
Léandre le premier auroit dû m'avertir,
Et la feule raifon m'y fera confentir.
Comme mon cœur rejette au fond cette alliance,
Vous devez l'une & l'autre excufer mon filence ;
J'ai même appréhendé qu'avec jufte raifon,
Daphné ne badinât d'une telle union ;
Et pour preuve qu'ici j'agis avec franchife,
Je vous prie inftamment d'en parler à Céphife.
Pour la faire changer de réfolution,
Je ne vous aurai pas peu d'obligation.
HORTENSE.

Dès que je la verrai, fiez-vous à mon zèle ;
Comptez que je ferai mon poffible auprès d'elle.
CLARICE.

Ecoutez, cependant je dois vous avertir,
Que Léandre chez moi va bien-tôt revenir.
S'il nous rencontre enfemble....
NERINE.

                    Eh, vous n'avez que faire,
De vous preffer, fçachant quel eft fon caractère.
Il eft chargé pour vous d'une commiffion :
Mais il ne quitte pas fi-tôt une maifon.
Il dit toujours je fors, & toujours il demeure.

Ne parlât-il qu'au Suiſſe, il lui faut plus d'une heure.
Ce remarquable trait, l'avez-vous oublié,
A dîner l'autre jour quand vous l'aviez prié ?
Il fut voir le matin Doris, grande parleuſe,
Puis Mélite ſurvint, autre inſigne cauſeuſe.
Le trio de jaſer fit ſi bien ſon devoir,
Qu'il ne ſe ſépara qu'à cinq heures du ſoir.
Il jaſeroit encor, ſi le diſcret Léandre,
N'avoit appréhendé de ſe trop faire attendre :
Croyant ſe mettre à table, il vint, j'en ai bien ri,
Une groſſe heure après qu'on en étoit ſorti.

DAPHNE'.

Le trait eſt ſingulier.

HORTENSE.

S'il ne trouvoit perſonne.

DAPHNE'.

Pour plus de ſûreté dépêchons, ma bonne.
Partons.

HORTENSE.

Ma ſœur & moi nous allons au Palais,
Où nous avons à faire.

CLARICE.

Et moi dans le Marais,
Voir ma tante, & ſçavoir au vrai ce qu'elle penſe,
D'un hymen pour lequel j'ai de la répugnance.

DAPHNE'.

Quelqu'un monte, c'eſt lui ; car j'entens parler haut.
Sortons par ce côté ; ſauvons nous au plutôt.

Elles ſortent.

NERINE.

Il a de babiller une fureur extrême,
Juſques-là qu'étant ſeul il jaſe avec lui-même.

SCENE III.

LEANDRE, NERINE.

LEANDRE *parlant tout ſeul ſans voir Nerine.*

NOn, rien n'eſt plus piquant que de courir, d'aller,
Sans rencontrer perſonne à qui pouvoir parler ;

Quand on trouve les gens, on raisonne, l'on cause,
On s'informe, & toujours on apprend quelque chose;
Et ne dit on qu'un mot au Portier du logis,
Cela vous satisfait; & comme le Marquis,
Me disoit l'autre jour en allant chez Julie....

NERINE.

A qui parle Monsieur?

LEANDRE.

C'est toi! bon jour, ma mie.
Comment te portes-tu? fort bien, j'en suis ravi;
Ta Maîtresse de même, & moi fort bien aussi.
Elle m'avoit prié d'aller voir Isabelle,
De sa part; mais morbleu, personne n'est chez elle;
Pas le moindre laquais: j'ai trouvé tout sorti,
Et je suis revenu comme j'étois parti.
Hier encore, hier je courus comme un diable,
Secoué, cahoté dans un Fiacre exécrable.
Au Fauxbourg Saint Marceau, j'allai premiérement;
Des Gobelins ensuite au Fauxbourg Saint Laurent:
Du Fauxbourg Saint Laurent, sans presque prendre ha-
　　leine,
Au Fauxbourg Saint Antoine, & tout près de Vincenne:
Du Fauxbourg Saint Antoine au Fauxbourg Saint Denis:
Du Fauxbourg Saint Denis dans le Marais, & puis,
En cinq heures de tems faisant toute la Ville,
Je revins au Palais, & du Palais dans l'Isle.
De-là je vins tomber au Fauxbourg Saint Germain;
Du Fauxbourg Saint Germain....

NERINE l'interrompant avec volubilité..

J'ai couru ce matin,
Et de mon pied leger, jusqu'au bout de la rue,
De la rue au marché: puis, je suis revenue.
Il m'a fallu laver, frotter, ranger, plier:
J'ai monté, descendu de la cave au grénier;
Du grenier à la cave, arpenté chaque étage.
J'ai tourné, tracassé, fini plus d'un ouvrage?
Pour Madame, & pour moi, fait chauffer un bouillon:
J'ai plus de trente fois fait toute la maison:
Pendant qu'un Cavalier, que Léandre on appelle,
A causé, babillé, jasé tant auprès d'elle,

Qu'elle

Qu'elle en a la migraine , & que pour s'en guérir ,
Tout à l'heure , Monsieur, elle vient de sortir.

LEANDRE.

Vous devenez, ma fille , un peu trop familiere ;
Et toutes ces façons ne me conviennent guere.
Si je ne respectois la maison où je suis ,
Parbleu , je sçaurois bien.... Profitez de l'avis ,
Et parlant à des gens qui passent votre sphère ,
Songez à mieux répondre , ou plutôt à vous taire.

NERINE.

Le silence est un art difficile pour nous ,
Et j'irai pour l'apprendre à l'école chez vous.

LEANDRE.

A Clarice tantôt je dirai la maniere ,
Dont tu reçois ici ceux qu'elle considere ;
Et tu devrois sçavoir qu'en la passe où je suis ,
On doit me ménager , & qu'en un mot je puis ,
Faire de ta Maîtresse une très-haute Dame ,
Et qu'aujourd'hui , peut-être , elle sera ma femme ;
Que je dois obtenir un important emploi ,
Ayant avec honneur servi vingt-ans le Roi :
Que Clarice auroit tort de préférer Valere ,
Et qu'il est mon cadet de plus d'une maniere :
Qu'un homme comme moi trouve plus d'un parti ,
Que de Julie enfin je ne suis pas haï.
Julie a du brillant , & beaucoup de jeunesse ;
Ta Maîtresse a trentre ans & moins de gentillesse :
Mais elle a des vertus dont je fais plus de cas ,
Elle est sage , œconome & ne babille pas.

NERINE.

La déclaration est tout à fait nouvelle ,
Et je vous dois , Monsieur, remercier pour elle.

LEANDRE.

Adieu , je vais agir pour mon Gouvernement.
Oh , Valere en sera la dupe sûrement ;
Mais je le vois qui vient.

NERINE.

Avec lui je vous laisse.
Elle sort.

B

LEANDRE *à part*.

Il m'aborde à regret, & son aspect me blesse.
Il n'est pour se haïr que d'être un peu parent.

SCENE IV.

LEANDRE, VALERE.

LEANDRE.

AH ! vous voilà, Monsieur : j'en suis charmé vrai-
                    ment.
C'est peu que de vouloir m'enlever ma Maîtresse ;
J'apprens que vous avez encor la hardiesse ,
De former des desseins sur le Gouvernement ,
Qui par la mort d'Enrique est demeuré vacant ;
Et que j'ai demandé pour prix de mon courage ,
Sans respecter mes droits , mes services , mon âge.
Mais , mon petit cousin , je vous trouve plaisant ,
D'oser , d'affecter d'être en tout mon concurrent.
Vous vous taisez ?

VALERE.

J'attens le moment favorable ,
Et vous trouve , Monsieur , parleur très-agréable.
Vous avez tort pourtant de vous mettre en courroux ,
Vous sçavez que je suis Officier comme vous.

LEANDRE.

Officier comme moi ? tu te moques , à d'autres.
Oses-tu comparer tes services aux nôtres ?
Dès l'âge de quinze ans j'ai porté le mousquet ;
Quand j'étois Lieutenant tu n'étois que Cadet.
J'ai vû trente Combats , vingt Siéges , six Batailles ;
J'ai brisé des remparts , j'ai forcé des murailles ;
J'ai plus de trente fois harangué nos Soldats ,
Et Bourgeois , je me suis annobli par mon bras.
Je n'oublierai jamais ma premiere Campagne,
Je crois que nous faisions la guerre en Allemagne.
Dans un détachement... c'étoit en sept cent trois....
A cinq heures du soir... quatorziéme du mois...
L'affaire fut très vive , & j'y fis des merveilles ;

Alidor y laiſſa l'une de ſes oreilles.
Il a joué depuis juſqu'à ſon Régiment,
Autrefois Colonel & Commis à préſent.
Connois-tu pas ſa femme ? elle eſt encor piquante :
J'étois hier chez elle , où j'entretins Dorante.
As-tu vû la maiſon qu'il a tout près de Can ?
Elle eſt belle. Je vais t'en faire ici le plan ,
En deux mots.

VALERE.

Mais , Monſieur , vous battez la campagne,
Et vous êtes déja bien loin de l'Allemagne.
Quant au Gouvernement le ſuccès montrera ,
Si j'ai de bons amis.

LEANDRE.

Oh ! je t'arrête-là.
Des Amis , des Patrons , j'en ai de toute eſpéce ;
Frippons, honnêtes gens , tout pour moi s'intéreſſe.
Je fais agir ſous main le Chevalier Caquet,
Liſimon l'intriguant , & Damon le furet ,
Qui ſe fourre par tout ; à l'Etat très-utile ,
Officier à la Cour, eſpion à la Ville.
Un jeune Abbé qui fait & le bien & le mal ,
Du ſexe fort aimé. J'aurai par ſon canal ,
Une lettre aujourd'hui d'une certaine Dame ,
Qui connoît le Miniſtre & peut tout ſur ſon ame ,
Parente de Cloris : je ne dis pas ſon nom ,
Il faut avoir en tout de la diſcrétion.
Chez elle ce matin , ſans plus long-tems remettre ,
L'abbé doit me mener pour avoir cette lettre.

VALERE *à part.*

Parente de Cloris ! C'eſt Conſtance , ma foi.
Elle eſt fort mon amie , & fera tout pour moi.
Il m'a très-à-propos rappellé ſon idée ,
Il faut le prévenir.

LEANDRE,

La choſe eſt décidée ;
Et quand même la Cour , par un coup de bonheur ,
De Quimpercorentin vous feroit Gouverneur ,
Je n'en ſerois pas moins le mari de Clarice ,
Car ſa tante m'eſtime.

VALERE.
Elle vous rend justice.
Votre....

LEANDRE.
Votre ? écoutez , car je parle le mieux.
VALERE.
Dites encor le plus.

LEANDRE.
Tu n'es qu'un envieux ;
N'ayant pas comme moi le don de la parole ,
Ton cœur en est jaloux & cela te défole.
De ma complexion je parle peu pourtant ,
Et fi j'avois voulu mettre au jour mon talent ,
Mieux que mon Avocat j'aurois plaidé moi-même ,
Mes caufes, quoiqu'il foit d'une éloquence extrême ,
Car il dit ce qu'il veut , il eft Orateur né ,
Sur fa langue les mots s'arrangent à fon gré :
Sa volubilité, qui n'a point de pareille ,
Eft un torrent qui part , & ravage l'oreille ;
Et je ne vois perfonne au Palais aujourd'hui ,
Qui parle plus long-tems , ni plus vîte que lui.
VALERE.
Oh ! fur lui vous auriez remporté la victoire ;
Je ne balance pas un moment à le croire.
LEANDRE.
Envain tu penfes rire, envain tu crois railler,
Sois inftruit que tout céde au talent de parler ;
Et fçache qu'en amour , auffi bien qu'en affaire ,
La langue fut toujours une arme néceffaire.
Par-là l'on perfuade & l'on fe fait aimer :
On méprife ces gens qui lents à s'exprimer ,
Héfitant fur un mot , qui dans leur bouche expire ,
Font fouffrir l'auditeur de ce qu'ils veulent dire.
VALERE.
Moi , je crois qu'en affaire auffi bien qu'en amours ,
Agir quand il le faut vaut mieux que les difcours ;
Le trop parler , Monfieur , fouvent nous eft contraire.
LEANDRE.
Vous jafez cependant plus qu'à votre ordinaire.
Pour moi j'articulois mes mots avant le tems ,

Et m'expliquois si bien à l'âge de trois ans,
Qu'entendant mes discours qui passoient ma portée,
Un jour, il m'en souvient, ma grand'mere enchantée,
Me prit entre ses bras.

VALERE.

Quel est donc ce Laquais ?

SCENE V.

LEANDRE, VALERE, LAFLEUR.

LA FLEUR *bas à Léandre.*

MOnsieur l'Abbé m'envoye, il vous attend.

LEANDRE.

J'y vais.

Continuant son discours.

Puis me tint ce propos.

VALERE *bas.*

Le voilà qui demeure.

LA FLEUR *revenant sur ses pas.*

Monsieur, il va sortir, dépêchez.

LEANDRE.

Tout à l'heure.

La fleur s'en va.

SCENE VI.

LEANDRE, VALERE.

LEANDRE.

LA bonne femme donc, j'ai son discours présent,
Ce qu'on retient alors reste profondement.
C'est une cire molle, où tout ce qu'on applique,
S'écrit... Si comme moi vous sçaviez la Physique,
Je vous mettrois au fait ; car j'ai beaucoup de goût,
Pour un homme de guerre, & sçais un peu de tout.
J'aime les tourbillons, le feu & le liquide,
Les atômes....

VALERE *à part.*
Il va se perdre dans le vuide.
LEANDRE.
Le flux & le reflux exercent mon esprit ;
La matiere subtile , elle me réjouit.
C'est une belle chose encore que l'Histoire :
Je la cite à propos, car j'ai de la mémoire ;
Et n'ai rien oublié de tout ce que j'ai lû :
La Bataille d'Arbelle, où César fut vaincu ,
Et celle de Pharsale où périt Alexandre ;
Et Darius le Grand , qui mit Thébes en cendre.
Dans la vivacité , je crois que je confonds.
VALERE.
Ma foi, vous excellez pour les digressions ,
Et j'admire votre art à changer de matieres,
Par des transitions insensibles , légeres :
Vous raisonnez de tout avec beaucoup d'esprit ,
Et vous citez l'histoire en homme bien instruit.
LEANDRE.
Il me brouille toujours.

SCENE VII.

LEANDRE, VALERE, NERINE.

NERINE.

Excusez je vous prie :
Mais il entre, Messieurs, nombreuse compagnie :
La tante de Clarice arrive maintenant,
Ismene l'accompagne : Hortense , au même instant ,
Rentre & sa sœur la suit ; Doris avec Melite,
Vient d'un autre côté pour nous rendre visite.
S'adressant à Léandre.
Vous les entretiendrez , elles ne sont que six ;
Et ferez , s'il vous plaît , les honneurs du logis ,
Monsieur, en attendant le retour de Clarice.
LEANDRE.
Volontiers, je saisis l'occasion propice ;

Je vole vers la tante & je cours l'embraſſer ,
Et lui donner la main. Je vous laiſſe y penſer.
Adieu , Monſieur.

SCENE VIII.

VALERE, NERINE.

VALERE.

Que croire ?
NERINE.
　　　　　Allez , quoiqu'il en diſe,
Nous pourrons balancer le pouvoir de Cephiſe.
Monſieur , je vous protege , & cela vous ſuffit.
VALERE.
Et ta Maîtreſſe ?
NERINE.
　　　　　Elle eſt pour vous , ſans contredit,
Si le Gouvernement....
VALERE.
　　　　　Va , mon affaire eſt bonne,
Et je ſors de ce pas pour voir une perſonne ,
Dont notre Babillard m'a fait reſſouvenir ,
Et qui pour moi , je crois , pourra tout obtenir ,
Dans le tems que lui-même entretiendra ces Dames ,
Et qu'il va tenir tête au caquet de ſix femmes.
NERINE.
Rentrons, j'entens nos gens qui parlent en chorus.

SCENE IX.

LEANDRE,CEPHISE,ISMENE,HORTENSE, DAPHNE', DORIS, MELITE.

DORIS & MELITE *entrant les premieres.*

Nous nous rendons, Madame, & ne diſputons plus.

HORTENSE *à Céphise.*

Je suis de la maison, point de cérémonie.

LEANDRE *se plaçant au milieu.*

Mesdames, vous voilà fort bonne compagnie :
Vous n'avez qu'à parler, je suis prêt d'écouter ;
Et de tous vos discours je m'en vais profiter.

DAPHNE'.

Vous êtes aujourd'hui coëfée en mignature.

Bas à Hortense.

Sa parure est risible autant que sa figure.

DORIS.

Je suis en négligé.

ISMENE.

J'aime cette façon.

CEPHISE *avec poids & lenteur.*

Elle vous sied.

LEANDRE.

Cela vous donne un air fripon.

HORTENSE.

Je viens de rencontrer Lucile dans la rue,
Et je vous avouerai que je l'ai méconnue.

ISMENE.

Elle devient coquette en l'arriére saison.

MELITE.

Elle est toujours au Bal, c'est-là sa passion.

CEPHISE.

Mais à propos de Bal, on m'a fait une histoire.

LEANDRE.

Dites-nous un peu ça ; plus qu'on ne sçauroit croire,
J'ai l'esprit curieux.

CEPHISE.

Je vais vous la compter.

DORIS.

J'en sçais une.

LEANDRE.

Et moi deux.

CEPHISE.

Voulez-vous m'écouter.

DAPHNE'.

Oh, vous parlez si bien que je suis toute oreille. *à part.*

Son

Son ton de voix m'endort, & déja je sommeille.

LEANDRE.

Je ne dis rien.

ISMENE & DORIS.

Paix.

LEANDRE.

Paix.

CEPHISE *lentement*.

Conduite par l'Amour,
Certaine Dame au Bal se rendit l'autre jour,

LEANDRE.

Au Bal de l'Opera ?

CEPHISE.

Sans doute. Un Mousquetaire,
L'attiroit en ces lieux.

LEANDRE.

En amour comme en guerre,
Ce sont de verds Messieurs.

CEPHISE.

La Dame en question
Je ne la nomme point, & cela pour raison.

DORIS.

Je devine qui c'est.

LEANDRE.

C'est la jeune Marquise,

ISMENE *à part*.

Il va par son babil indisposer Cephise.

CEPHISE.

Un instant attendez ; celle dont il s'agit,
A près de soixante ans, à ce que l'on m'a dit,

LEANDRE.

Oh, j'y suis pour le coup.

MELITE.

Je sçai aussi l'affaire,

LEANDRE.

C'est Chloé.

CEPHISE.

Point du tout.

HORTENSE *à part*.

L'étrange caractère,
C

MELITE.

C'eſt Clorinde.

LEANDRE.

Ou Lucile.

CEPHISE.

Eh, d'un eſprit moins prompt....

LEANDRE.

Mais ſans vous interrompre.

CEPHISE.

Encore il m'interrompt.

LEANDRE.

Permettez moi....

CEPHISE.

Je prens le parti de me taire,
Puiſqu'on n'écoute pas, qu'on me rompt en viſiere.

LEANDRE.

Moi, Madame, j'en ſuis incapable.

CEPHISE.

Il ſuffit,

DORIS.

Pour bien faire, parlons tour à tour.

LEANDRE.

C'eſt bien dit :
La converſation doit être générale.

MELITE.

Le moyen, ſi Monſieur ſaiſit toujours la bale.

LEANDRE.

Je n'ai pas entamé ſeulement un diſcours.

DAPHNE' *bas à Léandre.*

Allez, laiſſez les dire, & pourſuivez toujours.

DORIS.

Meſdames, irez-vous à la Piéce nouvelle ?

LEANRE.

Le titre, s'il vous plaît ?

ISMENE.

Dit-on qu'elle ſoit belle ?

MELITE.

Le Babillard, Monſieur.

LEANDRE.

Oh, je veux voir cela,

Et je ferai ce foir faux-bond à l'Opera.
CEPHISE.
Pour moi, je ne fçaurois fouffrir les Comédies.
DORIS.
Je n'ai du goût auffi que pour les Tragédies.
LEANDRE.
Parbleu, j'y veux mener le Chevalier Caquet,
Avec mon Avocat, pour y voir leur portrait.
A ce Théâtre-là, pourtant je ne vais guere.
DAPHNE'.
Je m'étonne, Monfieur, qu'ayant tant de lumiere...
LEANDRE.
Je pourrois, il eft vrai, paffer pour connoiffeur ;
Car je fçai tout Pradon & Montfleury par cœur.
Autrefois j'ai joué dans les fureurs d'Orefte.
Tien, tien, voilà le coup....
MELITE.
Nous vous quittons du refte.
DORIS.
J'aime beaucop la Foire.
LEANDRE.
Oh, j'y ris fur ma foi,
Du meilleur de mon ame, & fans fçavoir pourquoi ;
Madame, avez vous vû l'animal remarquable,
Qui tient du chat, du bœuf, prefque au chameau fem-
    blable ?
Et le fameux Saxon n'eft-il pas amufant ?
Polichinelle encor eft fort divertiffant.
Ma foi, vive Paris, c'eft une grande Ville.
MELITE.
On ne peut dire un mot qu'il n'en réponde mille.
CEPHISE.
Il interrompt toujours.
DORIS.
Il fait tout l'entretien.
DAPHNE' *bas à Leandre.*
Ne vous rélâchez pas.
LEANDRE.
Je ne dirai plus rien.

CEPHISE.

Pourriez-vous me donner des nouvelles d'Aminte ?

DORIS & MELITE.

Madame elle est...

LEANDRE.

Elle est mariée à Philinte.

CEPHISE.

Il tient bien sa parole.

MELITE.

Elle est veuve.

LEANDRE.

J'ai tort,

ISMENE *à part*.

D'avoir parlé pour lui je me répens bien fort.

DORIS.

Aminte est mon amie.

MELITE.

Et je suis sa voisine.

LEANDRE.

Je lui tiens de plus près car elle est ma cousine.

MELITE.

Elle n'est plus ici.

LEANDRE.

Sans contestation.

DORIS *à Cephise*.

Vous l'a-t'on dit ?..

LEANDRE.

Avec votre permission.....

CEPHISE.

Eh, laissez donc parler.

DORIS.

Elle se remarie....

DAPHNE' *à Léandre*.

Défendez-vous.

LEANDRE.

Un mot....

MELITE.

Elle est en Picardie....

LEANDRE.

Oh, je suis son cousin...

DORIS.
Par le dernier courrier...

LEANDRE.

Au troisiéme dégré.

MELITE.
Jusqu'au mois de Janvier...

LEANDRE.

Je sors d'un sang Bourgeois.

DORIS.
Elle vient de m'écrire.

MELITE.

Je dois...

LEANDRE.
Et je me fais un honneur de le dire.

CEPHISE.

Mais....

MELITE.
Dans ce pays-là comme j'ai quelques biens....

LEANDRE.

Je le suis...

DORIS.
Elle épouse un Conseiller d'Amiens...

MELITE.

J'y dois aller bien-tôt...

LEANDRE.
Du côté de ma Mere....

DORIS.

C'est un riche parti....

MELITE.
Je pars avec mon frere....

CEPHISE.
Mais Monsieur....

DAPHNE' *à Léandre.*
Tenez bon.

LEANDRE, MELITE, DORIS.

Madame....

DAPHNE' *à Léandre.*
Allons, poussez, car vous avez raison.

LEANDRE, MELITE, DORIS, CEPHISE, & ISMENE.
parlant ensemble.

LEANDRE.

On me conteste envain ce que je certifie,
On ne m'apprendra pas ma Généalogie.
Mieux qu'un autre je crois, je dois en être instruit,
Puisque cent & cent fois mon pere me l'a dit.

MELITE.

Comme je la connois dès la plus tendre enfance,
Qu'elle eut toujours en moi beaucoup de confiance,
Ne pouvant me parler elle m'écrit souvent,
Et je lui fais aussi réponse exactement.

DORIS.

A vous dire le vrai la Province m'ennuye;
Car je haïs les façons & la tracasserie;
Et si je n'espérois de bien-tôt revenir,
Je ne pourrois jamais me résoudre à partir.

CEPHISE.

Il ne se vit jamais une chose semblable.
Il faut avoir l'esprit, l'humeur insupportable;
Et c'est un procédé, Monsieur, des plus choquans,
Que de fermer ainsi toujours la bouche aux gens.

ISMENE.

Je me joins à Madame, & ne puis plus me taire,
Sur vos façons d'agir, sur votre caractère;
J'en suis scandalisée, & par votre caquet,
Vous détruisez, Monsieur, tout ce que j'avois fait.

MELITE.

Si vous voulez mander....

DORIS.

     Vous connoissez Chrisante.

LEANDRE.

Quoique vous en disiez, Aminte est ma parente,
Mesdames; car Aminte est fille de Damon,
Gentilhomme Servant, & petit fils d'Orgon:
Lequel Orgon étoit propre neveu d'Argante,
Célébre Partisan, & frere de Dorante;
Lequel Dorante avoit, en hymen clandestin,
Epousé par amour Guillemette Fatin;
Laquelle Guillemette étoit, ne vous déplaise,
Fille du second lit d'Angélique la Chaise:
Et laquelle Angélique....   *Il tousse.*

MELITE.
Oh , laquelle , lequel ,
Je n'y puis plus tenir. *Elle fort.*

SCENE x.

LEANDRE, CEPHISE, ISMENE, DORIS, DAPHNE', HORTENSE.

LEANDRE *continuant fon difcours.*

Du côté paternel ,
Si j'ai bonne mémoire , étoit fœur d'Hypolite. *Il crache.*
DORIS *bas en s'en allant.*
Qu'une nazarde... mais il vaut mieux que je quitte.

SCENE XI.

LEANDRE , CEPHISE , ISMENE , HORTENSE, DAPHNE'.

LEANDRE *pourfuivant toujours.*

Et ladite Hypolite étoit fœur , d'autre part ,
De l'Avocat Martin , dit Babille ou Braillard ,
Qui mourut en parlant. Ledit Martin Babille
Etoit mon trifayeul.
HORTENSE.
C'eft un mal de famille.
Fuyons , fauve qui peut. *Elle s'en va.*

SCENE XII.

LEANDRE, CEPHISE, ISMENE, DAPHNE'.
LEANDRE *reprenant fon difcours.*

J'Ai fon portrait chez moi ,
Et lui reffemble fort. On voit par-là, je crois ,

Qu'Aminte.... Attendez, j'oubliois de vous dire,
Que ce fameux Martin sortoit d'une Delphire,
Laquelle descendoit du Vicomte de Quer,
Bas Breton de naissance, & Seigneur de Quimper.
Ce Vicomte de Quer, remarquez bien de grace....

Il éternue.

ISMENE *bas.*

Que Monsieur est un sot. J'abandonne la place.

Elle sort en colére.

SCENE XIII.

LEANDRE, CEPHISE, DAPHNE'.

LEANDRE *continuant toujours.*

FUt grand homme de guerre, & de Maître de Camp
Donna dans le Commerce, & devint Trafiquant.
Or donc, pour revenir, pour être laconique,
Martin Braillard Babille étoit oncle d'Enrique,
Major & Gouverneur de Qu'impercorentin.
Je dois avoir sa place, & le dis à dessein.
Enrique donc neveu de Martin :   *Il se mouche.*

CEPHISE.

Ah ! j'expire,
J'étouffe & m'en vais.   *Elle sort.*

DAPHNE'.

Moi, je créve de rire.

Elle suit Céphise.

SCENE XIV.

LEANDRE *poursuivant seul.*

HErita de ses biens ; car ce Martin Braillard,
N'avoit à son décès laissé qu'un fils bâtard,
Mort depuis en Espagne & pour toute famille,
De son épouse Alix n'avoit eu qu'une Fille,

Trépassée,

Trépaffée , enterrée un an avant fa mort ;
Qui promettoit beaucoup , & qu'il chériffoit fort.

SCENE XV.

LEANDRE , NERINE *qui vient en tapinois*
& fe met derriere lui pour l'écouter.

LEANDRE fans appercevoir Nerine.

ENrique combattit & fur Mer & fur Terre ,
Et laiffa les trois quarts de fon corps à la guerre ;
Car il perdit un œil à Gaud , le fait eft fûr ,
La cuiffe droite à Mons , le bras gauche à Namur.
Il n'aimoit pas le vin , & haïffoit les femmes ;
Je le dis à regret excufez-moi, Mefdames ,
De vous fâcher en rien....

NERINE *derriere la chaife.*

Vous êtes bien poli.

LEANDRE.

Ah ! Nerine , c'eft toi ; mais je fuis feul ici ,
Je m'en ferois douté. Pefte foit des femelles ,
Dans tous leurs entretiens elles font éternelles ;
Veulent parler , parler , & n'écouter jamais.
Ces bavardes fur tout , bon Dieu que je les haïs !
Le talent le plus rare & le plus néceffaire ,
Sur tout dans une femme , eft celui de fe taire.

NERINE.

Ah ! Monfieur , quel exploit ! avoir ainfi défait ,
Sçû vaincre , furpaffer en babil , en caquet ,
Six femmes à la fois & leur donner la fuite !
Quelles femmes encor ! la braillarde Melite ,
L'éternelle Cephife , & la rogue Doris ,
Caufeufes par état , s'il en eft dans Paris.
Après être forti vainqueur de cette affaire ,
Qui peut vous refufer le furnom de Commere ?

LEANDRE.

Voyez la médifance ! à peine ai-je eu le tems ,
De dire quatre mots , de defferer les dents.
Mais je fors.

D

LE BABILLARD,

NERINE.

Attendez, voici certaine Lettre,
Qu'on vient de me donner, Monsieur, pour vous remettre.

LEANDRE.

Elle vient de l'Abbé, voyons ce qu'elle dit.

Il lit tout haut.

Comme on ne sçauroit vous parler, Monsieur, je prens le parti de vous écrire. Vous venez d'échouer dans l'affaire en question pour avoir trop parlé, & n'avoir pas assez agi, & faute de vous être rendu chez moi, quand j'ai envoyé mon Laquais. Vous n'en sçauriez douter, puisque Valére vient d'obtenir le Gouvernement par l'entremise de la personne même chez qui je devois vous mener ce matin.

L'Abbé BRIFFARD.

NERINE.

J'approuve cette lettre, & c'est fort bien écrit.

LEANDRE.

L'injustice est criante, & je devois peu craindre...
Mais j'aurai le plaisir d'aller par tout m'en plaindre :
Et Clarice vaut mieux que cent Gouvernemens.

SCENE DERNIERE.

LEANDRE, VALERE, CEPHISE. CLARICE.

CEPHISE *parlant à Valére.*

Vous sçaurez devant lui quels sont mes sentimens.
Et je vais m'expliquer sans tarder davantage.

LEANDRE.

Madame, en ce moment j'attens votre suffrage.

NERINE *à Céphise.*

De Quimpercorentin Valere est Gouverneur.

CEPHISE *s'adressant à Valére.*

Je viens d'en être instruite, & fais choix de Monsieur

LEANDRE.

Contre les sentimens que vous faisiez paroître ?

CEPHISE.

Je n'avois pas alors l'honneur de vous connoître,

Et je ne fçavois pas que vous êtiez enfin,
Arriere petit fils du célébre Martin.

VALERE.

Vous ferez de ma nôce.

CLARICE.

Ami, Maîtreffe, Affaire;
Vous perdez tout, Monfieur, pour n'avoir fçû vous taire.

NERINE.

Monfieur le Gouverneur, je vous baife les mains.

LEANDRE.

Je n'ai rien à répondre à ces difcours malins;
Mais pour me confoler de ce qui les fait rire,
Allons chercher quelqu'un à qui pouvoir le dire.

Au Parterre en revenant fur fes pas.

Meffieurs, un mot avant que de fortir;
Je ferai court contre mon ordinaire.
Si par bonheur j'ai pû vous divertir,
Si mon babil a fçû vous plaire,
Daignez le témoigner tout haut.
Si je vous déplais au contraire,
Retirez-vous fans dire mot;
N'imitez pas mon caractère.

FIN.

www.ingramcontent.com/pod-product-compliance
Lightning Source LLC
LaVergne TN
LVHW051333200726
843510LV00002B/634